PASCOAL E O VENTO DO NORTE

Rafael Luz

Ilustrações
Oscar Reinstein

Appris
editora

Editora Appris Ltda.
1ª. edição - Copyright © 2023 do autor
Direitos de Edição Reservados à Editora Appris Ltda.

Nenhuma parte desta obra poderá ser utilizada indevidamente, sem estar de acordo com a Lei no 9.610/98. Se incorreções forem encontradas, serão de exclusiva responsabilidade de seus organizadores.
Foi realizado o Depósito Legal na Fundação Biblioteca Nacional, de acordo com as Leis no 10.994, de 14/12/2004 e 12.192, de 14/01/2010.

L979p Luz, Rafael
2023   Pascoal e o vento do norte / Rafael Luz, ilustrações de Oscar
         Reinstein. - 1. ed. - Curitiba : Appris, 2023.
            24 p. : il. color. ; 23 cm.

         ISBN 978-65-250-5158-1

         1. Literatura infantojuvenil. 2.Escolas - medidas de segurança.
         I.Título.

                                                          CDD - 028.5

FICHA TÉCNICA

Catalogação na fonte elaborada por:
Josefina A. S. Guedes - Bibliotecária CRB 9/870

EDITORIAL
Augusto V. de A. Coelho
Sara C. de Andrade Coelho

COMITÊ EDITORIAL
Marli Caetano
Andréa Barbosa Gouveia - UFPR
Edmeire C. Pereira - UFPR
Iraneide da Silva - UFC
Jacques de Lima Ferreira - UP

SUPERVISOR DA PRODUÇÃO
Renata Cristina Lopes Miccelli

REVISÃO
Alana Cabral
Arildo Junior

PRODUÇÃO EDITORIAL
Bruna Holmen

PROJETO GRÁFICO E ILUSTRAÇÕES
Oscar Reinstein

Appris editora

Editora e Livraria Appris Ltda.
Av. Manoel Ribas, 2265 - Mercês
Curitiba/PR - CEP 80810-002
Tel. (41) 3156-4731
www.editoraappris.com.br

Printed in Brazil
Impresso no Brasil

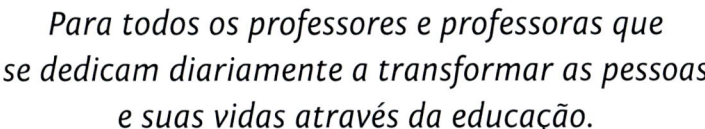

*Para todos os professores e professoras que
se dedicam diariamente a transformar as pessoas
e suas vidas através da educação.*

AGRADECIMENTOS

Agradeço à minha mãe, professora do município,
por toda a luta para educar a mim e a minha irmã.
Ao meu pai, pelos ensinamentos de correção e honestidade.
Agradeço à minha esposa, Ana Paula, que mudou a minha vida.
Todo o amor do mundo e todas as palavras de gratidão
é pouco perto do que você merece.
Agradeço aos meus filhos, Maitê e Martin, por me ensinarem
todos os dias que o mundo da fantasia e da diversão podem
nos ensinar muito. Obrigado pelo amor incondicional.
Agradeço a todos os meus formadores e companheiros
de trabalho na Polícia Militar de São Paulo e no
Corpo de Bombeiros Militar do Rio de Janeiro.
A vida ao lado desses heróis me deu base para buscar
e me especializar na busca de escolas mais seguras.

Era uma vez um menino chamado Pascoal, que morava em uma cidade chamada Beirópolis.

Essa cidade tinha esse nome pois estava bem à beira de uma floresta conhecida como Floresta do Medo.

Nessa floresta, morava um vento, muito perigoso, chamado Vento do Norte. E, por isso, era proibido entrar na floresta.

Essa era uma regra respeitada por todos os moradores de Beirópolis.

Quando o vento vinha até a cidade, ele derrubava casas, virava carros e até as vacas saíam voando.

Pois é? Já viu vaca voar? As vaquinhas estavam lá tranquilas pastando, quando, de repente, o vento chegava e as pobrezinhas saíam voando e mugindo:

Muuuuuuuuu!!

Pascoal sempre foi uma criança muito especial, assim como você, que está lendo esta história de aventura.
Ele sempre quis ser um grande herói, daqueles que salvam as pessoas e os animais, que têm grandes ideias e ajudam a proteger todas as pessoas da cidade.
E você? Também quer ser um grande herói? Saiba que os heróis sempre pensam na segurança em primeiro lugar.
E o Pascoal acreditava que conseguiria se transformar em um grande herói se ele conseguisse proteger a sua escola e a sua cidade dos perigos do Vento do Norte.

Todos os dias, Pascoal saía correndo da escola e ia para casa bolar planos para proteger a cidade, caso o Vento do Norte resolvesse aparecer.

Ele se sentava em sua mesa de bolar planos e colocava a cabeça para pensar.

Mas, pouco depois, ele amassava o papel e dizia:

— Ainda não está bom! O plano não é esse.

E Pascoal seguia: saía da escola e ia correndo para casa. Sentava-se na mesa de plano e nada...

A verdade é que Pascoal não sabia exatamente por onde começar o plano. Ele mesmo nunca tinha visto o vento passar, mas conhecia todas as histórias.

Um dia, Pascoal estava em casa e seus pais lhe disseram:

— Pascoal, nos ajude a arrumar casa.

Rapidamente, o menino se levanta e vai ajudar seus pais. Enquanto arruma as coisas em casa, Pascoal resolve ir até o porão para guardar umas ferramentas. E ao começar a andar por lá, ele encontra um enorme e lindo baú.

É um baú de madeira, com pedras bonitas e uma pintura dourada e azul. Cores que o Pascoal amava. Ele tentou ler o que estava escrito, mas a poeira não deixava.

Ei, que tal ajudar o Pascoal a soprar a poeira da tampa do baú?

Vamos lá?

1, 2, 3 e... fuuuuuu!

Quando a poeira sumiu, Pascoal conseguiu ler o que estava escrito na tampa:

"De vovô para Pascoal".

O menino levou as mãos à cabeça e disse:

— Nossa! Meu avô deixou um baú para mim. Que incrível! O que será que tem dentro?

Ao abrir o baú, uma forte luz cor-de-rosa apareceu.

A luz era tão forte que Pascoal ficou com os cabelos cor-de-rosa. Ele gostou da novidade, achou radical!

Quando a luz diminuiu, Pascoal conseguiu ver que dentro do baú tinha uma roupa de super-herói. Uma roupa simples, que parecia ter sido feita à mão pelo seu avô. Rapidamente, ele a vestiu e ficou perfeita. Parecia que tinha sido feita sob medida.

E olhando novamente para o baú, Pascoal viu que havia um livro lá dentro.

E na capa estava escrito Os segredos do Vento do Norte.

Pascoal pulou de felicidade. Agora, ele com certeza saberia todos os segredos e conseguiria bolar um plano fantástico para defender a sua cidade e a sua escola.

Pascoal imaginou que o livro fosse ter umas mil páginas, com todos os segredos possíveis do Vento. E seria superpesado.

Ele se preparou para pegar o livro, fez alongamento, aqueceu os braços, colocou toda a sua força e... quase caiu para trás! O livro era muito leve pois só tinha uma página.

Pascoal bateu a mão na testa e disse:

— Ah, não! E agora? Como eu vou bolar um plano fantástico se o livro só tem uma página. Bom, deixa eu ler.

E no livro estava escrito assim:

"O Vento do Norte só se locomove ao escutar a voz das pessoas, e só ao ouvi-las é capaz de vê-las".

Pascoal não entendeu muito bem o que aquelas palavras queriam dizer. Imediatamente, ele foi correndo até a escola e pediu ajuda à sua professora para conseguir compreender o que estava escrito.

A professora pegou o livro, leu o que estava escrito e explicou para Pascoal:

— Pascoal querido, o que está escrito aqui significa que o Vento é guiado pelo som. No silêncio, ele não enxerga. E se ele não enxerga, não sabe para onde ir.

Pascoal ficou muito feliz e começou a agradecer ao seu avô por ter deixado essa anotação. Ele já tinha entendido tudo e agora poderia montar um plano que iria funcionar! A cidade ficaria protegida.

Pascoal se sentou em sua mesa de criar planos e começou a pensar e desenhar um plano que todo mundo entendesse e ficasse protegido. As ideias não paravam de surgir e o plano estava ficando incrível.

Chegou a sair fumaça da cabeça do Pascoal de tanto que ele estava pensando!

Pouco tempo depois, Pascoal deu um grito: — Acabei!

Sua mãe ficou até assustada. Mas vendo a expressão de felicidade no rosto de seu filho, sabia que algo bom tinha acontecido.

Pascoal saiu de casa correndo para a prefeitura e foi mostrar seu plano ao prefeito Janjão. Com o apoio dele, toda a cidade ficaria protegida.

O prefeito, ao ouvir o plano do Pascoal, exclamou:

— Nossa, Pascoal! Seu plano é "maravilindo"!

Vou chamar todos os cidadãos de Beirópolis para vir aqui escutá-lo.

Janjão foi até o microfone da cidade e falou:

— Atenção cidadãos de Beirópolis, atenção cidadãos de Beirópolis, queiram comparecer com a urgência à prefeitura.

Todos os cidadãos da cidade foram correndo para a prefeitura.

O prefeito colocou Pascoal em um auditório com todos os cidadãos, para escutarem o plano, que era o seguinte:

— Vamos construir uma campainha bem grande, que vai funcionar como um sinal. Quando alguém perceber que o vento está se aproximando, deve tocar o sinal!

Além disso, essa campainha vai estar junto com um supermegafone. Assim, se o alarme não funcionar, nós poderemos gritar uma senha para que todos executem o plano.

— E qual a senha? — Perguntou o prefeito Janjão.

— Prefeito, quando o vento vem, o céu fica nublado. Então, a nossa senha será Céu Nublado! Todas as pessoas, ao ouvirem a campainha ou a senha, precisam colocar o plano em prática.

— E os alunos nas escolas? Como devem fazer? — Perguntou uma professora que ouvia Pascoal falar.

— Essa é uma parte muito importante do nosso plano! — Respondeu Pascoal.

— Na Escola, assim que ouvirem a campainha ou a senha, todas as pessoas que conseguirem sair em segurança da escola devem sair. Mas só se for seguro! As crianças devem ficar no canto da sala, sentadas em silêncio. Não pode falar nem uma palavrinha. A professora precisa fechar e trancar a porta e as janelas!

— Pascoal, o que acha de colocar as mesas e cadeiras atrás da porta para fazer uma barricada e segurar a força do Vento? — Perguntou o prefeito Janjão.

— Excelente ideia, prefeito. Vai funcionar muito bem. Anotado! Vamos também criar uma senha só nossa. Não podemos contar para ninguém. E os alunos só vão sair da sala quando alguém de confiança falar essa senha.

— Pascoal, e quem está no banheiro ou no corredor da escola?
— Eu também pensei nisso! Antes de fechar a porta, a professora deixa entrar quem está no corredor. E quem está no banheiro, e não conseguiu sair rápido, fica lá! Tranca a porta, sobe no vaso sanitário e faz silêncio. Tenho certeza de que o Vento vai passar direto!

— E para as pessoas que estão na rua? Ou no shopping?

— Nesse caso, é importante fugir, pois o local é muito aberto. Se não conseguir, pode se esconder em uma loja, restaurante ou até em um banheiro. E vamos seguir a mesma dica: trancar as portas, colocar mesas e cadeiras e fazer silêncio. Mas vamos lembrar sempre de correr para longe do vento!

— Até agora todos entendemos tudo, Pascoal. Muito bem! — Exclamou o prefeito!

— E duas coisas muito importantes: não podemos deixar de chamar o Xerife Malvadão, o xerife mais malvadão de toda a história de Beirópolis. Lembram o telefone dele? É 190!

— Bom, a nossa missão agora é espalhar esse plano para a cidade inteira.

Duas semanas se passaram e toda a cidade de Beirópolis já estava preparada e treinada caso o Vento do Norte viesse.
E ele veio.
Em uma manhã que estava tudo normal na pequena cidade, as folhas das árvores começaram a cair e um barulho começou a surgir. Pascoal, que estava sempre alerta, percebeu a chegada do Vento e correu para tocar a campainha e avisar a todos. Ele estava usando a sua roupa de super-herói pois sabia que o seu momento de se tornar um havia chegado. A campainha tocou e a senha foi dita, exatamente como estava no plano.

Todos na cidade já sabiam o que deveriam fazer e fizeram. Alunos se trancaram na sala de aula, pessoas entraram em lojas e todos fizeram o maior silêncio que a animada Beirópolis já tinha visto. Parecia até que não tinha ninguém na cidade, e era esse mesmo o objetivo.

O vento chegou na entrada da cidade e estava tão certo que iria fazer uma bagunça que já chegou cantando:

— Eu vou virar as casas, eu vou virar os carros. Até vaca vai voar. La laiá, la laiá, até vaca vai voar!

Mas, ao entrar na cidade, o Vento começou a ficar confuso. Se não tinha barulho, onde estavam as pessoas? O Vento soprou para um lado, soprou para o outro, mas não encontrava ninguém. Como poderia ser? Onde estavam todos? Pascoal sabia: estavam escondidos e em silêncio.

O Vento não sabia mais o que fazer. Ele queria destruir tudo, mas não achava ninguém. Ele tentou ir para um lado, mas bateu a cabeça em um prédio:

— Ai minha cabeça! — Disse o Vento.

— Ui, chutei um carro, ai meu pé! — Reclamou.

Até que, de repente, se ouviu o barulho de uma sirene. Era o Xerife Malvadão, vindo proteger todas as pessoas. Muito bem, Xerife!

O Vento do Norte tinha muito medo do Xerife, e assim que o viu se aproximando começou a tentar fugir pela cidade.

O Vento virou por uma rua, passou por debaixo de uma ponte. E o Xerife vinha com a sua viatura a toda velocidade atrás do Vento. Começou a maior perseguição que Beirópolis já viveu.

O Vento tentava fugir, mas o Xerife não desistia. Até que o vento virou para a esquerda em uma rua sem saída. Rapidamente, o Xerife Malvadão desembarcou de sua viatura e disse:

— Alto lá, Vento do Norte! Seus tempos de vaca voando acabaram. Está preso em nome da lei!

O Vento ficou com tanto medo que virou um sopro e nunca mais foi visto.

Depois, o Xerife Malvadão entrou na escola, nas lojas e falou a senha que os cidadãos de Beirópolis tinham combinado. Como ele era a pessoa de confiança, todos saíram e perceberam que estavam bem e que o Vento não tinha destruído nada. O plano do Pascoal havia dado certo!

No dia seguinte, o prefeito Janjão mandou chamar Pascoal na prefeitura.

Sem saber o que estava acontecendo, Pascoal foi até lá.

O prefeito havia preparado uma grande homenagem para o menino. Quando ele entrou, todos os cidadãos de Beirópolis estavam lá e começaram a aplaudi-lo.

Os cientistas de Beirópolis fizeram uma armadura linda de super-herói para o menino, tinha até um Jet Pack nas costas.

E ainda mandou construir uma estátua de Pascoal e na base estava escrito assim:

Pascoal, o super-herói de Beirópolis.

O prefeito, no final da festa, concedeu a ele o título de Guardião Escolar.

Pascoal, enfim, tinha realizado seu sonho: salvou a cidade e ainda se tornou um herói de verdade.

Ah, e você , ficou curioso para saber qual a senha que o povo de Beirópolis usa?
Eu te conto, mas você precisa guardar segredo.
Combinado?
Então, lá vai! Repete comigo:
A minha coragem é maior do que meu medo! Sempre!

O AUTOR

Rafael Luz é ex-policial militar e bombeiro militar. Filho de professora, sempre acreditou na educação como caminho para grandes transformações. Mora no Rio de Janeiro com sua esposa, Ana Paula, seus filhos, Maitê e Martin, e suas cachorrinhas, Fifa e Margot. Dedicou sua vida a ensinar às crianças prevenirem acidentes e se comportarem em situações de emergência. Fundou a Guardião Escolar em 2017, quando profissionalizou o trabalho que era prestado em escolas. Hoje, a Guardião Escolar é a maior empresa do país em Segurança Estratégica para escolas, estando presente em mais de sete estados e 29 cidades.

O ILUSTRADOR

Nasci em 1973, em Santa Rosa de Viterbo (SP), e moro em Curitiba desde os nove meses de idade. Na viagem, partindo de minha cidade natal até a capital paranaense, penso que vi e ouvi muitas histórias que me marcaram. Suponho isso, pois vivo de imagens e sons vindos de lugares incertos (ou indefinidos, ou sem geografia exata), talvez herdados da cultura e origem dos meus pais, peruanos. Utilizo as histórias para criar narrativas visuais, ilustrar com personalidade e respeitar a intenção dos parceiros com quem crio. Essa é a minha garantia de viver sem que existam páginas em branco em meu bloco de notas. Designer gráfico, designer de moda e ilustrador, tenho quarenta livros ilustrados e centenas de ilustrações aguardando o seu momento de aparecer.